JN438072

붉은 민들레

채은선 시집

〈그림 김경희 시인〉

을지출판공사

■ 서시

붉은 민들레

自然 김 경 희

사모하는 고향 하늘
우러르는 불 켜진 눈동자,

끝없는 미로의 인생길
피눈물 뿌려 다진 분토에서

노오란 현기증 다독이며
적응하느라 갈등했던 흑백 논리
낯선 하이웨이 바람에 후후 날리고

이름 없는 꽃들 보살피며
깊이 뿌리 내려가는 그대는
korea 담양골, 붉은 민들레

채은선 시인은 내가 가장 사랑하는 시우의 벗이다.

그녀는 선비의 고장, 담양골 흙의 장녀로 성장한 뛰어난 감성의 소유자다.

대나무 숲의 소슬바람 소리와 함께 부모님으로부터 대쪽 같은 올곧은 성정을 물려받은 해맑은 영혼과 마음 씀씀이 또한 여장부답다.

진취적이고 정의로운 詩心은 천부적으로도 타고 났고 시 때문에 행복하고 그 행복을 성실한 일상에 색칠할 줄 아는 사람이다.

더욱 좋은 시로써 지적 성취감에 도전하리라 믿어 의심치 않는다. 시는 쓰면 쓸수록 어렵다는 걸 알고 있는 노력하는 시인이기 때문이다.

詩友로서 출간을 기뻐하며 필자에게 길라잡이 역할이 주어짐에 감사드린다.

■ 자 서

나의 시는 곧 나의 정신을 대변한다.

어려서부터 삶과 죽음의 문제가 항상 나를 붙잡고 놓아주지 않았기에 시를 좋아하게 된 동기부여가 된 건 아닐까 생각된다.

생각한다는 것은 매우 아름다운 일, 나 자신의 성숙을 위해서 척박한 삶의 터전에서도 생각하기만은 멈추지 않았다. 이성적으로 판단하려고 노력하면서 나를 다스렸고 나를 사랑하는 일로 시를 선택해 위안 삼았다.

한때, 나를 학대하고 할퀴면서 저항하던 분노와 원망의 날들이 있었기에 나를 사랑해야 함이 얼마나 감사하고 건강한 일인지를 깨닫게 된 것도 시 때문이다.

이 시집을 엮으면서 파란 하늘을 행복한 마음으로 올려다보았다. 절망으로 가득했던 그런 날들은 이제 모두 폐기 처분 되었음을 알았다. 한숨과 시름의 날들이 나를 성숙시키는 계기를 만들어 주었고 독 안에 갇혀 있다가 독을 깨고 나온 것처럼 절망이 꿈과 희망이 되고 행복이 된 것이다.

나의 영혼은 항상 하나님을 믿고 섬겼기에 기도하고 시를 쓸 때에도 사랑의 눈동자로 바라보아 주심을 감지한다. 맹목의 섬김이 아닌 비판의 섬김을 할 때에도 너그럽게 안아주신다.

계속해서 나의 시세계를 갈고 닦으면서 참된 시인으로 살아가고자 결심하며 온 우주만물에 나의 정의로운 시선이 접목되기를 바라는 마음 간절하다.

부족한 사유의 작품들이지만 이렇게 묶어서 엮게 됨을 모두에게 감사드린다.

특히, 든든한 밑거름이 되어준 사랑하는 나의 가족들과 시를 좋아하시는 모든 분들에게 내 작은 기쁨을 나누어 드리고 싶다.

2011. 5. 15

저자 채 은 선

차 례

제 2 부 나 홀로 아리랑

제 3 부 언어의 열쇠를 찾아

제 4 부 가을엔 혼자 있고 싶다

제 1 부

풀잎 위 초록거리

나의 영광은
좁은 길 가는 동안 희망의 꽃
피워내며 영원한 안식의
푸른 세상으로 들어가,
사랑하는 이와
거룩히 입 맞추는 일입니다

찰나를 위하여

나무 그림자가 있다
해의 방향으로 가다가
노을 질 때 그림자 늘어져 떼를 쓰며
나무 붙잡고 조금만 더 있자고, 애원했다

해는 제 갈 곳으로 갔고
그림자는 부서져 형체가 없다
하루 만에 사라지는 것이 있고
한 달 만에, 백 년 만에 사라지는 것도 있다

천년을 흐른 후에 보면 하루에 사라진
해나 나무 그림자나 무엇이 다른가
사라지기 위해 존재해야 하는 듯
그저 말없이 잠시 서 있다가
신기루같이 눈 속이며 모두 사라지는 것이다

순간의 존재에 가슴을 재로 태우는 사람아!
그리운 날에는 염원을 위하여 차라리
사랑의 그림자에 수를 놓아라

목숨은 빛처럼 왔다가 간다
인생이 모진 것 같아 보이나

별일 아니다
참으로 별것 아니다

흰 게발꽃의 몽상

네 몸을 부여잡고
놓아주지 않는 뿌리 때문에
어둡고 음침하고 냉소적인
좁은 화분 안에서
벗어나지 못하고 있는 거야

맑은 공기 밝은 햇살 비추는
넓은 곳이면 좋겠는데, 날마다
내부에서 끓어오르는
이율배반적인 반전의 기대감 누를 수 없어
떠나야겠다고 소리치잖아
엉치에 붙어있는 뿌리에서 분류되면
바라는 저 빛나는 세상으로 갈 수 있을 거다

근본에서 진액을 뽑아
몰래몰래 저항을 비축하면
멈춤에서 벗어날 수 있을 것이라 믿어
울분과 번뇌와 욕망이
뿌리를 박차고 분류 될 때까지
최면을 걸고 세뇌시켜야 견딜 수 있을 게야
미래를 향한 몸부림만이
멈춤을 벗어나
희망이란 둥지를 트는 거잖아

꿈은 아니다

가끔 정신이 퍼뜩 들어 돌아보면
본성을 빼앗겨 취한 듯 홀린 듯
망망대해에 띄워져 "괜찮아" 자위하며
바람 따라 가는 조각배를 탔음이 자각 된다

이미 지나친 곳은 내가 없는 세상이니 죽은 세상이다
지금 있는 곳이 살아 있는 세상이다
그건 운명도 아니고 불행도 아니다
주어진 생의 리포트 열심히 쓰는
인내를 곱씹을수록 고소한 맛의 살(殺)
알게 되었다고 하면 오판일까

인종이 다른 오지에서 궁지에 몰려보고
사막의 세찬 바람에 시달리다 보니
죽음은 늘 그림자처럼 따라 다녔다

정체성에 대한 두려움이
없고 혹은 이상이라는
화려한 전례들이 뇌에서 자멸되어
자연과 나, 백치가 되는 순한 양처럼
날마다 현실의 강을 눈 부릅뜨고 건너게 되었다
산다는 건 현실이다

밤바다

거대 에너지로 꿈틀대는 밤바다
서러운 이들 눈물 고여 검게 빛나는가
밤새도록 슬프게 철썩 처얼썩
서로 가슴 부딪치며 굉음으로 운다

뉘 사연을 엮느라 그렇게 서러운가
목숨 건 사랑을 잃어버린 이의 통곡일까
어미 품 떠나갈 아가 울음소릴까
기댈 곳 없는 병든 노인 신음 소리인가

바다야바다야 너 쉾은 바다야
밤새 울고도 아침이면
빛나는 태양 보석처럼 품어주고
하찮은 멸치 떼를 지켜주는
네 품은 하늘로 이어졌구나

검은 몸 뒤척여 진주를 키우고
수만 가지 울음소리 잠재워주고
고기들 수많은 사연 뱃고동에 싣느라
소리치는 괴로움 이제야 알겠구나

쌍화연 피어날 때

어디선가 은은한 음악이 들린다
태초에 하늘이 열리는 것처럼
고요히 열리는 순결의 시작
아름다움을 휘감는 저 부정(不正).

조심하라, 그러나
인애의 은총 의연하여
비밀의 문 눈부시게 열리는구나

내 그대에게 보내는 언약의 편지,
빛나는 눈동자로 읽고
네 심장에 새기라

조강지처

사랑한다고 말하지 말걸
숨기지 못하고 말해버린 순정이
돌이킬 수 없는 운명의
미로에 빠져 아찔하다

절망을 모르는 기질은
매정한 가슴 끝자락에 매달려
사랑의 모멸감으로
눈물샘 퍼 올리면서
고통의 詩를 쓴다

사랑 그것이 무엇이라고
고정관념에 묶여
자식을 지키려는 모정은
버려지고 밟히면서도
다른 길을 낼 줄 모른다

허망한 사랑의 감옥에 스스로 갇혀
빛을 거부한 채
한 사내를 선택한 책임감,

그 어리석음을 붙잡고
기다림과 외로움으로 점철된

여인의 생애는
놓쳐버린 세월을 보상받을 길 없다

회한의 뒤안길 돌아보며
지는 해는 마지막 안간힘으로
아름답다

그래도 한마디 들려주고 싶은 말
당신을 바라보는 긴 여정에
절망은 없었다

끝없는 자유를 찾아

왠지 붙잡혀 버렸다 겨우겨우 자유를 찾았다고
흥분하며 기뻐했는데 그것은 더 큰 족쇄였다
이 무서운 형벌, 자유가 무엇인가?
꿈꾸던 자유가 바로 이 족쇄란 말인가
내가 허황된 사람인가 눈물이 비 오듯 쏟아지는
시계소리 가득한 감옥에 갇혀
몸이 가라앉아 피나도록 머리를 벽에 찧었다

몸부림의 자식들 수렁 속에서 살려 달라고 아우성 칠 때
침묵은 음산한 이빨로 뇌세포 갉으며
자유, 자유의 끈을 놓으라고 소리쳤다
어느 날 아침, 철장으로 빛이 스며와
겨우 일어나 눈을 뜨니 겨드랑이가 무겁게 느껴졌다
이상한 날개가 돋아 있었다
철창 문이 스르륵 열리고
자연스럽게 날갯짓하며 날아올랐다

진정한 자유!
꿈을 버릴 때 얻게 된 귀한 날개,
시간이란 잔인한 놈은 결국 날개로 보상을 해 주었군
독수리 닮은 무지갯빛 날개여
날아라 더 높이 더 멀리
넓은 시야다

풀잎 위 초록 거미

길은 많아도 이 길은
내가 선택해서 가는 신념의 길입니다
잡념을 버리고 가는 길입니다
번민을 녹이는 초록 길입니다
사심 없이 가야 끝까지 갈 수 있습니다
좌우 보면서 지체해서도 안 됩니다
앞으로 앞으로 가면 저 낭떠러지 아래,
거대한 푸른 세상 펼쳐져 있을 겁니다

지난 세월에 얽매이지 않는 결단은
미래를 향한 용기입니다
일심으로 사수하며
새 세상으로 가는 외길은
욕심을 버리고 홀로
가야만 하는 수련의 길입니다

나의 영광은
좁은 길 가는 동안 희망의 꽃
피워내며 영원한 안식의
푸른 세상으로 들어가,
사랑하는 이와
거룩히 입 맞추는 일입니다

탱자나무 숲

가시나무로 태어나
가시뿐인 세상에 심어져
가시 친구들 사귀면서
서로 찌르는 것만 안다
사랑한다고 손잡으면
아프다고 도망가고
좋아한다고 말하면서
가시로 쿡쿡 찔러대는
내가 좋아하는 미남 가시나무.

생각해 보면 슬픈 운명이다
좋은 뜻을 가져도
진실이 외면당하고
입술도 가시요
손과 발 모두 가시이니
원망과 불신과 질시뿐인
가시나무 신세

혹여, 사랑과 신념이
투명하게 전해지는
신뢰의 땅은 어딜까
할퀴지 않는 나라
지상에는 없을까

검은 축배

산다는 건 두려운 일이다
가능성은 많으나
선택의 폭은 좁고
현실과 동떨어진 괴리

산다는 건 형벌이다
몸부림 쳐도 한계의 벽에 부딪혀
머릿속은 텅 빈 사막처럼
검은 모래바람 휘몰아치고
비는 내리지 않는다

생을 버리고 싶은 날
주검은 나를 바라보며 비웃고
대항하면 눈앞은 무덤의 집,

최후의 날까지 반항하다가
어느 날인가 내 빈소가 차려지면
사자들과 축배를 들리라
다시는
전생으로는 돌아가지 않으리라

수업 중

쓸쓸하다
돌풍이 집 안팎 헤집고 간 듯 쓸쓸하다
가슴 밑바닥부터 차고 올라오는 허전함, 도대체
이 외로움 무엇이란 말인가 어쩌란 말인가
한 주일의 긴장이 풀리면서
소리 내어 울고 싶어진다
이 서늘함이 싫어, 이 적막감도 싫어
당신도 이렇게 외로워 본 적 있나요

햇볕에 걸어둔 오징어처럼
감정이 말라붙는 이런 건조함 아시는지요
누가 나에게 외로움 주었나요
누가 나를 이 먼 곳에 두었나요
홀로 사는 연습을 배우라고
여기로 이끌어 아무도
내 곁에 오지 못하게 하셨나요

외롭고 더 외로워지면
외롭게 떠도는 이들 위로하라고
아메리카로 유학 보내 주셨군요

저, 지금 공부 잘하고 있나요?

소 망

들리는 것만이 소리가 아니다
무심히 다가오는 것이 아닌
아우르는 만청(晩晴)의 과녁을 향한
청아한 빗살 같은 한 줄기 빛,

가슴 열고 기다리는 나에게만
들리는 영혼의 부름이다
혼을 사로잡는 의로운 소리는
태평양의 기류를 타고
내 가슴으로 와 꽂히는 소리다

맑은 눈동자로
가식 없는 삶을 찾아
뜨거운 가슴으로
불의를 물리쳐 정의를 사모하는 일
절망에 멍들지 않을 여명의 길,

단 하나의 통로를 다져
세속에 꺾이지 않을
내 작은 마음, 마음을 포개면서
거룩한 소명의 빛을 향해
가고 싶어, 나는

내일이 있기에

경건하게 한 해 마무리 잘하고 새날이 펼쳐졌다
어인 행운인가 맑은 아침과 평온의 10시
숨쉬는 순간순간 새털같이
바람 일렁이듯 나부끼는 건
생명의 가치와 존엄 때문일 거야
혹여, 낮 시간에 난타 당한다 하여도
숨이 살아 있는 건 축복인 거야

아픔과 가난은 뒤로 밀리지만 희망은 앞에 있지
내일은 반드시 숨어서 해맑게 웃고 있는 거야
알아?
누군가 꽃잎이 넘어갈 때 행복을 숨겨 두었는지

꿈이라는 것은 어쩌면 사랑에 대한 기대일 거야
사랑에는 절망이 있을 수 없기 때문에
자고 깨는 아침, 태양이 부드럽게 입 맞춰주며
안녕 내 사랑! 속삭여 준다면 내 삶은 온전히
누군가를 위한 소나타인 거야

빛이 시멘트 바닥에 미끄러지고
바람이 미루나무 잎을 애무할 때

나의 부름도 너의 기다림도
오늘 정녕 아름답게 승화되는 사랑인 거야
산다는 건 그런 거라니까

지성을 향해

흘러간다 흘러가
물꼬 터 주는 삽질 사이로
분홍빛 꿈
냇길 따라 신명나게 흘러간다

구름아 어서 가자
바람아 문을 열거라
우러르던 이상의 열쇠
바로 이 가슴에 꽂혀 있더구나

열린 대지로 발걸음 떼며
자유를 찾아 간다
하늘을 날아다니는
타오르는 성취의 빛을 향해

가리라 가야 하리라
푸른 산 부르는 메아리 따라
신들린 영혼이 춤을 춘다
구름과 바람도 합창을 한다

이원화(二元化)

두 개의 눈빛 사랑으로
하나 되어 앵두씨처럼 다글다글

두 개의 물방울 서로 끌리는
힘으로 또르르 굴러 크게 하나

한 시즌 서로 넘치게 끓어서
잡은 손끝에선 진땀이 났지

돌아서는 밤은 아쉬워도 그러나
별이란 각자의 위치로 돌아가

운명의 덫에 따로 갇히기에
마주보며 이별의 눈물만 뚝 뚝 뚝

이미 분리된 길에서 외치는 한마디
이별로 조여드는 마음은 두 갈래 화학작용

속 빈 바람개비

사랑은 한낱
잠시 머물다 날아가 버리는 깃털 같은 것

바람 없는 날
살짝 내려 앉아 속눈썹 아스라함 이우다가
작은 바람에도 흔들리면서 날아가 버리는 것

그토록 짧은 순간에
목숨 거는 사람의 마음은
속절없이 도는 바람개비

잔결에 도는 바람개비나
내려앉아 이우는 깃털이나
들여다보면 아무것도 없긴 마찬가지

보배로운 인생

귀할수록 값이 비싸다 했던가
만물 중에 사람이 가장 귀하다 하니
사람값 하며 사는 일, 버거운 일이다
좋은 가정 이루며 올바르게 사는 일

불의와 타협하지 않고
곧은 정신 잇는 일, 애곡간장 다 녹는 일
괜히 분노만 키우는 신경 줄
하루에도 몇 번씩 잘라 버리고 싶으나
자식들 맑은 눈망울 바라보며 잘 다독인다

눈만 뜨면 일터로 나가 살펴보면
허구한 날 문턱에 쓰러져 있는 부조리들
정의의 잣대 때문에 지치고 피곤하다

허나, 만물의 영장으로 사는 자부심
내밀한 미로처럼 슬기롭게 헤치며
튼실한 나이테 쌓아 올리는 것 아니던가

참고 견디며 사람답게 사는 일,
꽃향기 진동시키는 일
사람이라서 이 얼마나 좋은가

물레방아

누구와도 타협하지 않는
아집을 빈 바퀴 위에 올려놓고
속절없는 세상을 앓고 있는 물레방아,
알아주지 않고 불러주지 않아
자태는 도도하지만 외롭기 짝이 없다
바퀴 돌아가며 촬~ 촬 떨어지던
물소리 아스라이 멀어지고
네 모습 녹슬어 가듯
이국땅 외로운 여인의
가슴도 함께 녹슬어 간다
비워내던 시간만큼 텅 빈 쇳소리
고독한 신음소리 삼키며
살아 있는 모든 것이 환각인 양
허수아비처럼 길들여져
끝없는 사막의 방앗간에서
돌고 돌아가는 시원한 물소리
머나먼 허공으로 울려 퍼지게
가슴속 물레방아 돌리고 있는
이내 서러움 너만은 알아주겠지

뿌 리

잠시의 휴식도 허락되지 않는
어두운 지하 동굴에서 눈 부릅뜨고
신경을 일으켜 세워 시(詩)의 불침번을 선다

대궁을 굵게 세우기 위해
수액을 뽑느라 안간힘 써
시의 열매를 위해 암기하는 열정

저항의 열정을 식히고
가족을 위한 잔뿌리 늘려가며
양분 다진 순정은 더욱 깊어만 간다

나무가족에겐 외향은 칭송하되
뿌리를 논하는 일은 금기사항
참선에 든 심신으로 이제사
나의 시가 자연의 환영을 받으며
대지 위로 당당하게 걸어가는구나

나의 길

험한 산을 날마다 오르고 오른다
뿌리박힌 고정관념 탈출해
안락한 둥지로부터 멀어지기 위해
뒤돌아보지 않고 자꾸 멀리 간다
왜 좋아하는 것들로부터 멀어지려 하는가
모든 것이 나를 가두기 때문이다

좋은 음식이 거친 들풀을 못 먹게 가두고
부드러운 목소리들이 그리움을 잊게 하고
따뜻한 잠자리가 게으름을 몰고 오기 때문이다

가자! 자유로운 곳으로
길들여진 것으로부터 멀어져
들풀을 먹어도 행복한 마음으로 누워
별 헤는 시간 속으로 스며들자

아무도 나를 붙잡지 마라
아무도 나를 보지 마라
아무도 나에게 가까이 오지 마라
나는 홀로서 먼 길을 가나니
이로써 완전한 나의 길을 가는 것이다
홀로인 이 길은 내가 원해 가는 길
아름다운 행진이다

그 기차를 타고

인생이라는 기차를 태워 저 넓은 세상으로
너희를 보낼 때 아빠의 마음이 얼마나 아픈지
아빠가 너희를 얼마나 사랑하는지
어른이 되더라도 아빠의 기차를 타고 반드시
아빠에게로 돌아와야 우리가 만날 수 있다는 것을
자식들아 너희는 알아야 해

그래서 아빠의 나라를 유업으로 받고
떠나보낸 아가들이 다 아빠의 아가라는
큰 사랑을 알고, 악한 유혹에 빠지지 말고
늘 아빠를 부르며 행복하고 즐거워하면서
의젓한 어른이 되어 돌아와야 한단다

아가는 엄마라는 유모의 태속에서
부부라는 그릅의 일원으로 다시 빚어지고
아무것도 기억나지 않는 사랑스런 아가로
조건 없이 부어지는 사랑 속에서
무럭무럭 자라 소년이 되고 청년이 되고
결혼을 하고 직장을 갖고

아내의 불러오는 배를 보면서
아련히 어렴풋이 "나의 존재"가

아주 중요한 존재임을 깨달아 가며
지루한 일상의 쳇바퀴를 인내하는 일이
첫 번째 인생의 가치가 되는 거란다

두 번째 계획은 자신을 찾는 일이지
내가 이렇게 살다가 나는 무엇이 될까
술과 여자와 욕망과 부모와 가족과, 그러나
뼛속까지 파고드는 외로움 고독 번뇌
쫓기는 두려움으로 나는 어디로 흘러가고 있나

황홀한 거리에서, 군중 속에서
부모와 형제와 아내만으로는
채워지지 않는 명예와 부귀
이것들이 내가 쫓는 것인가
욕망으로 다가갈수록 더 외로운 것은 왜인가
날마다 넘치는 술잔 속에 쓰러지는 삶의 허무
채워지지 않는 그 가슴의 빈자리

산위에서 하늘이 찢어져라 소리쳐 보고
사는 땅이 좁다고 유럽과 태평양을 휘젓고 다녀도
비행기 안에서 초라하고 작은, 못 견디는 내 마음

나는 정말 제대로 살고 있는가
나여! 나여! 제발! 나는, 이럴 때

어디선가 들리는 소리
너를 부르는 소리
"아가야. 아빠다"
십자가를 바라 보아라
너는 반드시 그 기차를 타고
아빠의 나라로 돌아와야 한단다
그리스도처럼

청년일기

길이 보인다 희미하게
준비할 물질의 양이 보인다
그들의 20년 후 모습이 어른거린다

허름한 잠바 걸친 힘없는 사나이와
뉴욕 거리 하이칼라의 중년이
고층 빌딩으로 패기 있게 들어서는 모습

물려받을 것 없는 처지
길을 정할 수 없는 무력감
훗날 힘없는 쓸쓸한 사나이의 환영은 싫다

열정과 정직으로 내일을 개척해
요행이나 비겁과 타협하지 않고
불굴의 의지, 흠모하면서
성실하게 천천히 용감하게 가야 하리라

소년의 과정을 일기에 적고
포부를 적는 청년이야말로
미래를 책임지는 성숙된 성인이 되리라

제 2 부

나 홀로 아리랑

혼자라는 게 점점 익숙해지고
마음이 저 벼랑 끝에 서면
끌고 온 내 아집의 번데기가
집에서 나와 나방이 되는 거야
그땐 푸른 눈의 하얀 손을 잡고
덫을 놓는데 익숙한 몰이꾼이 되는 거지

갈대밭 가르마

부드러운 갈대 춤
가을 내내 추고 있는
중앙으로 물길 열고 사는 순천만,
바람이 다녀간 흔적인지
잦은 빗질에 갈대 머릿결은 그처럼 고운가

저 길은 얼마나 멀기에
질퍽한 진흙길처럼 흐느적댈까
마른날 없던 어떤 고단한 이의
화농으로 얼룩진 가슴처럼
통한의 눈물줄기 몇백 년 흐르면서
부르트고 갈라져
누가 밟고 지나갈 수 없는
쌓인 업보의 길인 양
바라보면 볼수록 가슴 시리게 보이는 걸까

뒤돌아보아야만
제대로 보이는 저 갈대숲에
휑한 가르마를 인
팔순 아버지,
왜 거기 외롭게 서 계시는가

황금 보리

네가 거기 있을 줄 몰랐다
아직도 그대로 떠나지 않고 기다리고 있을 줄,
황금 노다지인 줄 그땐 몰랐지
고슴도치처럼 날카로운 가시로
타작마당에서 찔러대던
네게로부터 도망치고 싶었어
다시는 너 못 본다 해도
생각지 않으리라 맹세했지
빨강 벌뚱씨 뱉어 내면서
너 없는 곳이면 어디라도 좋다 하였지

지구를 돌고 돌아
아득히 멀어져 생각해 보나니
너른 들판 팔 벌리고
잠자리처럼 날아다니던
보리피리 불던 댕기머리 소녀야
뙤약볕에 보리 베다
붉은 태양 원망하던 처녀야
살집이 되어 버린 그날들
어머니의 탯자리 그리워 우느냐
네 변덕이 부끄러움도 잊었구나
낫자루 들고 네 앞에 다시 서 보고 싶구나

새벽 단상

새벽이슬 내린 마당에
할머니 무명 치마와 아버지 지게 적삼이
맷등처럼 볏짚 단 위에 하얗게 펼쳐져 있다

안방 희미한 호롱불 아래
참빗으로 곱게 빗어 옥비녀로 단장한
젊은 엄마와 일곱 살 여아가
옥양목을 당기며 숯다리미질을 한다

아가 꼭 잡아라
할머니 속치마에 숯불 떨어지면 안된다
고사리 손에 들린 하얀 자루
빠져 나갈세라 진땀 흘리며
팔을 떨면서 사그라드는
숯다리미를 노려보고 있다

지엄하신 할머니, 이제 안계시고
어머니도 먼 길 가시려고 옷깃 여미시는데
다리미질 하지 않아도 되는 좋은
세상이 되었는데, 새벽이면
엄마의 다정한 목소리 귓가를 맴돈다
아가아가 꼭 잡아라
놓치면 안된다

조밭 모퉁이에서

푸른 정기 흠뻑 마셔
알알이 여문 알갱이들
만삭의 여인이

말 못할 사연 감추고
족보에 오르고 싶은 열망이
부푼 욕망의 장관인가

노란 이랑 사이사이
가난한 조부모 배곯아 뜬 세상
애달픈 목줄 핏대마냥

끝틈지 어린망울
빈곤의 전설 잇지 않으려
분주하게 낟알 수 늘렸나 보다

조밭 모퉁이에 서면
꿈속에 쌓인 노다지 보듯
부유한 낟가래 일어서고

조 모가지 철렁철렁 무겁게
고개 숙이면 아버지 주름진 입가
고요하게 퍼져가던 황금미소 빛난다

나 홀로 아리랑

생살을 도려내듯, 어머니 곁을 떠나와
인파 속에 묻혀 있을 때도
나 홀로 아리랑을 부른다

백인들의 오뚝한 콧날 앞에
작아지는 동양인의 초라한 속내
게슴츠레한 하얀 웃음 뒤엔 이름 모를
음모가 도사린 것 같아, 등굣길에 사내아이들이
장난삼아 묶은 풀 덫에 넘어지는 그것과는 다른
늘 보이지 않는 덫 피해가며 도시의 쳇바퀴를
굴리는 다람쥐처럼 하루 속을 굴러 다닌다

혼자라는 게 점점 익숙해지고
마음이 저 벼랑 끝에 서면
끌고 온 내 아집의 번데기가
집에서 나와 나방이 되는 거야
그땐 푸른 눈의 하얀 손을 잡고
덫을 놓는데 익숙한 몰이꾼이 되는 거지

어머니가 덜 그리워지고 고향도 희미해지면
달라의 눈금이 높아져서 큰 지팡이 하나 만들어
대륙을 절뚝이며 다닐 거야, 그때도
아리랑 부르는 걸 절대 잊으면 안돼

세 월

보리 뿌려진 논에 흙 덮어 주는 날,
종일 진눈깨비 흩날렸지요
해가 서산에 기울 때쯤
보리씨 흙으로 덮는 일 끝나면
더는 들 가운데 서 있지 않아도 되었어요
얼어붙은 손, 흙 범벅된 검정 고무신
얼마의 세월이 지나야 들에 서서
추위에 떠는 고통 끝날 수 있으려나
그땐 그것만 생각하였네요
어둠 안고 집으로 돌아올 때
아버지 어깨, 쇠스랑소리 철렁이고
뒤따르던 어머닌 바람에 떠밀리던
얇은 월남치마 펄럭펄럭
이고 있는 다라이 잡은 손엔
열꽃들이 빨갛게 피어나곤 했었지요
강산이 세 번이나 바뀐 지금,
들판에선 간간히 기계들이
괴성을 질러대는데
내 눈동자에 어른거리는 건
부모님 그림자뿐이네요

뽕잎 따러가다

눈부신 유리창에 질식된 한낮
흔들리지 않는 나무들이 답답하다
부도 가난도 상관없는
올 사람 갈 사람도 없는 곳에서
눈을 감고 깊은 상념의 바다 건너
고향의 4월을 찾아간다
누에들의 뽕잎 갉아먹는
시원한 소낙비 소리 들린다
일곱 잠 잔 누에들 고치 짓기 위해
작은 입으로 안간힘 쓰면서
뽕잎 갉는 소리 요란하다
어서 뽕 따러 가야지
많이 따서 뽕잎 수북이 올려 줘야지
분주하게 걸음 재촉하는 저것들
새 삶을 신명나게 준비하는
작은 벌레들의 열정 좀 봐
기억을 더듬다가 눈을 뜨니
무심한 하루해가 중천을 넘고 있다
자! 누에처럼 부지런하게
뽕잎 움켜쥐고 오늘을 빚어야지

순 리

주렁주렁 매달리더니
연일 비 맞으며 툭툭
조금씩 더 큰 소리로 떨어지는 감,

어려움 이겨내고 잘 익은 감을 보니
순종이 자라서 무르익은 것 같다
떨어져 자리 비워준 덕분에
다른 부실한 것들도 잘 익어
매달린 모양이 탐스럽기만 하다

살아오면서 잃었다는 것
직장 잃고 서럽고
친구 잃고 외롭고
돈 떼이고 분하고
사랑 잃고 병들고

기실은 그 많은 아픔들 때문에
인생의 단맛을 알게 되듯
감이 익은 걸 보는 건
하늘의 커다란 인내와 사랑을 깨닫는 일이다

열 정

가련합니다
개미허리에 지운 일 너무 많아
단잠을 깊이 이룰 수 없었답니다
과중한 노동은 안전한 기계 속에
장치된 피스톤 같습니다

명분 있는 보호자는 채찍을 가하고
망가지는 몸엔 인격이 없습니다
숭숭 구멍 뚫린 일상의 편린들이
어두운 인생의 다락방 책꽂이에 진열됩니다

무저항인 생명의 존엄성
순응해야 하는 굽이굽이
수여하신 일곱 개 별을 품고
절망을 떨치고 일어서려 합니다

끝없는 생의 여로에서
뜨거운 회한의 미소는
의지 하나만으로 불꽃을 피운
작은 여인의 기쁨입니다

찔레꽃 피는 언덕

소금쟁이 한가로운 저수지,
하얀 구름 뭉실뭉실 떠 있고
모퉁이엔 하얀 찔레꽃
송사리 떼 쳐다보며 꽃잎 흔드네

소년과 소녀, 버들가지 꺾어
낚시 바구니에 담고 달리면
아기 찔레 물고 달려가다가
어미 찔레 부르는 소리에
멈칫멈칫 저수지로 되돌아가네

찔레꽃은 잔칫집
윙윙대는 왕벌 따라온 나비 콧등엔
노오란 꽃술 개구장이처럼 우습네

잊혀지지 않는 찔레꽃 연정
사라지지 않고 가물가물 피어오르는
저수지 언덕에 흐드러진 찔레향
오늘도 그 향기 코끝에서 뱅뱅 도네

감자꽃

겨우내 어두운 창고에서
감자는 홀로 울었다
시집갈 대지를 꿈꾸면서
봄 처녀 어서 달려와
땅속에 묻어 달라고

매운바람에 시린 손
쪼글쪼글한 피부 감추며
마음 급해 튀어나온
속내 부끄러워하면서

넓은 세상 향해
푸른 싹 밀어 올려놓고
비바람 맞으며
펼치려는 소박한 너의 꿈,

누가 널 꽃이라 부르더냐
수반에 꽂히지는 못해도
붉은 정맥 드러내고
푸른 잎 피울 날 기다리며

생명의 그릇만큼만
사랑의 양분만큼만 피워
만물의 영장에게
풍성한 유익 주는
당당한 꽃이 되거라

록키산의 봄

록키산 품속에 흐르는 수정강
장엄한 봉우리 능선의 젖줄 물고
어린가지 움 틔우며 노래 부른다

강물에 빠진 건너편 산은
아물아물 물안개 피우고
조각배 띄우며 노 젓는 연인들
마주보는 눈동자 사랑의 멜로디 흐른다

바위에 사뿐히 앉은 새 한 마리
은빛 강물 위로 날아가면
파고드는 꽃바람이
잠자는 청춘을 깨우고 간다

두더지들의 노랫소리와
바람결에 울리는 아이들의 합성,
아름다운 그 하모니에 취하여
시인은 노래 부릅니다

오~ 오~
장엄한 록키산이여

우체부

양귀비꽃 그대에게 부쳤다
다만 꽃으로 보냈는데
그대는 사랑으로 받았으면 좋겠다

꽃으로 간 양귀비
그대에게 도착한 편지
양귀비꽃으로 물들었니

양귀비야
네가 무슨 일 하였니
꽃잎 살며시 들추고 요염한
눈길로 속삭여 주었니

소중한 마음
빼곡한 글씨 제대로
읽을 수 있게 보여 주었니

그리워요

이국의 밤, 도시의 불빛들이 자장가를 부르면
먼 기억의 고향으로 달려갑니다
어머니와 어린 동생들 목소리 귓가에 쟁쟁하고
논두렁 개구리들 즐거운 합창소리 요란한데
강낭콩 줄기 가죽나무 뱅뱅 올라타고 외쳐요
"보고 싶어요, 빨리 오세요"

밖에서 돌아오신 아버지의 굵은 목소리
"애들 다 어디 갔는가?"
어머니 젖을 물고 있는 막내 동생 고사리 손,
병아리들 앞세운 암탉이 경계하며 내는 소리,
새끼오리 물장구에 점잖은 백구, 긴 목 빼고 졸고 있고
"자야, 돼지 밥 주고 시원한 물 떠가지고 텃밭으로 오너라"
어머니 정겨운 목소리 또다시 들려요

마을 운동장에선 나이 먹기 놀이 수박서리,
어찌 그리 즐거웠던지요
밤에는 전쟁놀이 숨바꼭질하던 닏가리들,
꿈을 익히던 함성 들리던 그 시절로 돌아가고 싶어요
뿌리 내린 그곳, 아름다운 유년이 잠자는 내 고향
대숲의 바람 소리 아직도 소삭 대는 담양, 수북
어머니 품으로 밤이면 밤마다 달려갑니다

인생은 아름다워

인생은 아름답다

어머니의 눈물로 자라서
아버지의 위엄으로 두려움을 배우고
세상의 강물에 띄워져 선과 악의 축을 익히고
승리의 기쁨과 패배의 고통을 알게 되니
옹이진 마디마다 고뇌의 향기가 배어
삶이라는 굴곡의 진리를 깨달아 가기에
사람이란 가엾지만 고귀한 존재
사랑으로 결혼이 아름다워지고
서로에 대한 그리움과 외로움이
소중함을 분별하게 하는 지혜를 선물하므로
사람을 더욱 가치 있게 다듬어 준다
스스로 길을 알지 못해
선인의 가르침과 학문으로 길을 찾으나
길은 가깝기도 하고 때론 멀기도 하다
누군가 의지할 사람이 필요하니
절대자의 섭리를 따라가면서
시기와 절차대로 오고 가는 것임을 깨닫고
구름과 바람에 나를 맡기면

인생은 너무너무 아름다워져!

어머니

가냘픈 여린 몸매로 어떻게
세찬 눈보라에 인고의 발자욱 새기며
묵묵히 걸어오셨는지요! 어머니
이 못난 여식은 피눈물 난자하던
그 여정의 산증인으로 마디마디
떨어진 고통의 살점들을
꿰어 맞춰보고 있음입니다

아귀다툼 난무하던 비통의 나날
입방아는 그물처럼 얽어 들었지만
오로지 자식들 지키려는 일념으로
눈물의 밥상 차리시면시
서러움과 두려움 쫓으셨지요

곱고 가녀린 당신이 감당키엔
하루하루 칼날은 너무나 빛나
악마의 춤사위는 피를 불렀고
공포와 불안감에 인격은 짓밟히고
살육 당해 피가 낭자했지만
당신은 의연히 고운 자태로
일곱 아가들의 천사역 감당해 내셨지요

하늘이나 알고 땅이나 알겠는지요
시시때때 무너지는 육체를 안고
웃음으로 대처하신 큰 인내심
자식에 대한 모성의 승리요
험한 가시밭길에서 맞선,
악마를 용서하고 긍휼히 여기신
사랑의 가슴을 알고 말았습니다

이제, 팔십을 넘기고
얼굴엔 넉넉한 미소가 흐르고
칠 남매의 가슴에는 감사와 존경이 물결칩니다
운명을 승화시킨 험난한 일생
머리 위 승리의 월계관에
일곱 송이 꽃을 더 매달아 드립니다

이 세상 누구보다 훌륭하신
나의 어머니!

시험대

이해하려고 노력한다
내가 사는 세상을……
주위엔 온통 방해자들만 있고
거기 중심에 내가 서 있다
아니, 모든 사람이 옳고 내가 방해자일지도 모른다
시시때때 지치게 하는 곰 같은 나,
한데 얽혀 살아야 하는 원을 모르고
자칫 자멸할지 모르는 삼각을 선호하다니
아이러니한 생명의 유한을 즐기면
살 만하지 않은가
내 살점을 도려내 회를 뜨는 이 오류가
우습지 않은가
그래, 분노를 치우고 내게 보너스를 주거라
긍정을 보내 주거라
너를 제사상에 올려 보아라
이대로 걸어가면 참 나를 찾을 수 없는 법
성숙이라는 명분을 살리면
버텨 낼 수 있지 않은가
그래, 조금 둥글어지고 있는 것 같잖아

시작을 꿈꾸며

시계는 사람이
짐작할 수 없는 놀라운 것을 숨기고 있다
지난 세월들
최선을 다하고 살았다 해도
아집의 틀이 보이고 회의가 일렁인다
한 줌 진흙덩이같이
후회 모르는 나를 당당하다고 생각했는데
짚어보니 가능성을 폐쇄한 어리석음이었다
지난 시간들을 우습게 보낸 것이다
깨닫게 된 이 시점을 사랑하자
미련을 떨던 이기주의부터 버리자
귀한 자아를 두려워하던
스스로 갇힌 자폐아 같던 나를 멀리 유배시키고
처음 태어난 듯 세상을 새롭게 바라보자
그것이 불가능한 일이라 해도
하늘은 반드시 도와주시겠지

제 3 부

언어의 열쇠를 찾아

의식과 무의식에 깃든
정과 사랑을 마음껏 나누며
허허로운 가슴을 메우는
언어의 조련사가 되고 싶습니다

절 규

삶에 굴복하는 모습들
심장을 태우는 듯 고통스러워
밀려오는 절망감 이기지 못해 늑대처럼 울었다

간절한 어린양의 간구로
하늘 향해 부르짖는
기도의 성 쌓아올리면 다시 무너져 내리는 상아탑

비정한 꿈은 구름으로 떠돌고
너와 내가 갈망하는 것들은
모두 별이 되는지

누가, 어느 누가
저 검푸른
하늘의 별을 따다 주랴

거대한 이 대륙에서
꿈을 상실한 나그네로 가득 찬
저 방랑자들, 방랑자들이
부르짖는 소리소리소리

진달래 환영(幻影)

새봄 *신명으로 온 분홍빛 날개
바람 타고 밀려와
햇살 받은 아련한 가지 끝에
찬연히 무엇을 꿈꾸는가

꽃이라기보다는
사신으로
내려온 분홍 나비

얼어붙은 산 마음 달래는
위로제 올려주려는지
정숙히 단장을 하고
살며시 내려앉은 날개 파르르 떤다

나비춤이 시작되면
눈부시게 터지는 분홍빛 사랑
설레는 가슴에 불화살을 쏘는
너는 희망의 여신

* 하늘과 땅의 신령

홍해바다

홍해가 춤을 추네 달음질 치네
천년의 바다 마른 땅으로 비워주고 어디로 가나
이스라엘 행차는 바다도 두려워 비켜 서네
바로 왕이여 그대 교만한 눈동자 어딜 가나
뒤쫓는 철마 행장 마른 잎처럼 바스라지고
수레바퀴 뒤로 돌 때 홍해는 바로 왕을 삼켰다네

여호와 전능의 이름이여 사랑의 구원이여
애급 초태생 장자 이슬처럼 툭툭 쓰러뜨리고
분노의 땅에 통곡의 피로 물들이시네
당신의 품에 안은 이스라엘 칠십만 대군
타오르는 사랑으로 광야 사십 년을 하루같이
아기 다루듯 권능으로 먹이시고 이끄시네

요단아 여리고야 가나안 땅아
한 송이 꽃처럼 꺾어지는 순종으로
여호와의 신부의 손에 들려라
여호와의 사랑 끝없음이여
나 이스라엘은 주의 신부로 품어져
뿔라라 햅시바라 행복한 영혼 셀라

* 뿔라 햅시바 - 결혼

무심(無心)

울지 말 일이다
슬픈 음악 틀어 놓고 비단실처럼
마음을 잦으며 울지 말 일이다

사는 것은 슬픈 일이니
그러자면 울지 않는 날, 없을 것이니
눈물샘에 돌무더기 돌탑 쌓으며
물줄기 밖으로 새지 않도록
틈새까지 잘 막을 일이다

언젠간 진정 값진 일에 흘려야 할
밝은 날이 올 때까지 간직해 둘 일이다

소금밭처럼 가슴이 서걱이는 날에도
뜨거운 가슴속 불덩이 솟구치는 날에도
속고 속이는 세상을 이해할 일이다

눈물을 참느라 심장이 타서
한 줌 재가 되어 날아가 버려도
그것이 네가 살다 온 세상이라고
조용히 웃고 말 일이다

후 회

내가 싫다
내 집 하나 지켜내지 못하고
무너지고 무너져 빈 터밖에 없는
외롭다고 발설해 버려서 속이 없어졌다

답답하다고 문 열어 두어서
비밀의 공간이 없다
혼자 간직하던 맑은 공간 없어 허전하다
조금씩 헐거워지더니 모두 빠져 나가
자신을 잃어 버렸다

누가 나를 이해할 리 없는
나 하나쯤 상관없는 세상
외로운 틈새로 부패된 세상이 들어와
부식(腐蝕)되어 버렸다
타협이 주범이다

사랑을 맛보는 일

한번쯤 그것이 무엇인지 경험해야 한다
근심걱정 두려움으로부터 격리되고
슬픔이나 절망과도 거리가 먼
생명 근원지 태초에 도달해 보는 일이기에
모순의 지푸라기 하나 걸치지 않고
아름답고 황홀한 절정에 닿아보아야 한다

위선을 모른 채 활짝 가슴을 열고
맑은 심장의 박동을 유지한 채,
태양이나 작은 풀잎들과 자연의
벗이 되어 밤과 낮 함께 지새우고
별빛 어린 강물을 바라보면 천사의 음성이 들리는
경계 없는 따뜻한 평온의 세계
우주 넘어 다른 불멸의 곳으로 들어가 볼 일이다

아담이 선악과를 따먹기 전, 영원과 영원을 잇는
인간만이 이런 세계를 경험하도록 창조되었고
생명존엄의 가치를 부여 받았기에
우리가 주장하도록 지어진 것을 알아야 한다
사랑을 맛보며 본성을 회복해 나아가야만 한다

접 목

당신은 따뜻한 사람
난 차가운 사람
나를 비우고 당신께 접목되면
우리는 따뜻한 사람들

당신은 행복한 사람
나는 불행한 사람
내 불행 버리고 행복한 당신께 접목되면
우리는 행복한 사람들

당신은 즐거움이 많은 사람
난 슬픔이 많은 사람
내 슬픔 버리고 즐거운 당신께 접목되면
우리는 즐거운 사람들

당신은 희망을 꿈꾸는 사람
나는 절망에 우는 사람
내 눈물 거두고 꿈꾸는 당신께 접목되면
우리는 꿈꾸는 사람들

당신은 사랑이 넘치는 부유한 사람
난 질투가 넘치는 가난한 사람

내 마음 고치고 당신께 접목되면
우리는 사랑하는 사람들

작은 우주

방금 세상으로 나온 아기
바라만 보아도 향내가 나요
하늘나라 향기로움이
아직 아기 몸에 묻어 있나 봐요
유리알 같은 피부
고사리 손가락 사라질 것 같아
차마 만져 볼 수 없어요
아기 눈동자 오염될까 봐

오랫동안 바라볼 수조차 없어요
토끼동산에서 뿔이 예쁜 사슴과 기린
새와 나비들이 어서 빨리
놀러 나오라고 불러댑니다
아가가 태어나기 전,
세상은 없었습니다
태어난 후에야 세상이 있는 것입니다
큰 우주가 기다리고 있었지요
작은 우주가
큰 우주의 주인이기 때문입니다

의 문

꿈결이듯 이름을 부르는 그 소리
잠자던 새벽의 공기를 깨우는
청아한 울림이었습니다

그 진동에 사로잡힌 후
가슴으로 잔잔한 물결이 번져
몸이 풀잎처럼 파르르 떨렸습니다

왜 나를 불러서
나의 영혼을 요동치게 하는 것인지
그대 누구시기에
날 이렇게 흔들어 깨우시는지

종일 물방아처럼 맴을 돌며
그대 알 길 없어
일손조차 잡히지 않는 초조한 심정
어찌 감당하시려는지

하늘엔 먹구름만 가득한데
그댄 부르기만 해 놓고
모습조차 보이지 않으시니
내 안의 그대, 누구신가요

간 구

기름진 땅을 점령해 가는
사악한 악마들의 음모로
빌딩 숲 젊은 인재들
넘치고 쓰러지며 휘청이네

버티고 견디다가
삶의 괭이에서 타협 당해야만 하는 울분
고향 하늘 청정한 달빛 가슴에 안고
에델바이스는 떨어지네

거친 광야엔
잡초만 무성하게 뒤덮이고
목표를 잃고 신음하는
독주 에이즈 마리화나
병든 영혼의 질주, 속수무책이네

흡혈귀들이여! 몽유병자들이여!
시시각각 절망의 구멍을 뚫는
하이에나들이여
그 님 오시는 날,
진노의 불덩어리 쏟아져
악령의 검은 도시 재가 되고
질서의 태양은 반듯하게 떠오르리라

언어의 열쇠를 찾아

단 하루만이라도
내 가슴, 굳어버린 거친 땅에
버티고 선 발을 부드럽게 녹인 언어로
자유롭게 물위를 걷고 싶습니다

캄캄한 벽장 속에 갇힌
질식한 수많은 언어들을 물속에 마음껏 풀어놓고
하늘바라기 해주고 싶습니다

오고 가지 못하는 거리만큼
머리에서 맴도는 갈매기 떼,
자유로운 언어의 날갯짓으로
훨훨 날려 보내고도 싶습니다

의식과 무의식에 깃든
정과 사랑을 마음껏 나누며
허허로운 가슴을 메우는
언어의 조련사가 되고 싶습니다

괴로움이 삼켜버린
굳어버린 언어를 지금 이 순간만이라도
비밀의 문 열고 들어가
물로 흐르는 비법 알아내면 좋겠습니다

은 애

내 영혼에 깃든 당신이여
당신의 이상은 하늘에 있었고
나의 이상은 땅에 있었네

새벽을 가르고 땅으로 내려온 당신,
외로운 빈자리 빛으로 채워 놓고
하늘 사랑 가련한 영혼을 채워 주시네

그대 영혼 맑고 고와서
안아 주실 때 사랑은 드높아지고
들풀은 백합으로 피어 희망찬 내일로 가네

가없는 당신의 사랑 안에서
속삭이며 다정하게 손잡고
깊은 밤, 우린 푸른 꿈을 꾸네

영원과 영원을 잇는 불변의 다짐
천년을 지나도 변함없는 행복이
우리들 피안에서 영롱한 꽃을 피우네

시련의 집

신은 사람의 가슴속에 큰
집을 하나 지어 놓으셨다

고통과 시련의 집, 파수꾼이 항상 서 있다

끝나면 또 다른 고통을 집어넣는 파수꾼
시련의 집에선 행복한 가슴에도
벌집 같은 구멍 숭숭 뚫리고
피가 뒤엉키고 말라 모래알로
부서져 내리고 훈련이 끝나면
밖으로 내동댕이쳐진다

그 집의 밖은 항상 눈보라가 휘몰아친다

저른대 같은 영혼, 육체의
집으로 돌아와 침대에 뉘이면
물먹은 솜처럼 무거운 무생물
맥박은 희미하고 눈은 짓물러
내려앉아도, 아침 태양은 그
얼굴을 비춰 눈부시게 만들고 만다

우리는 매일 그 집을 통과해야만 한다

알 밤

가시 돋친 채 그대로
무르익어 가시 버리면
비단옷 주리라 하셨잖니

어둡고 비좁은 움에서
수련의 *피정 치른 후에야
비밀의 문 스르륵 열어주신대

엄한 명령에 복종하고
시련을 잘 견딘 명장처럼 의젓하면
여느 과실보다 신실타 칭찬하신 다잖아

숨 멎을 것 같아
창 열고 바람 쐬고 싶어
답답함과 외로움에 떨었니

역경 잘 이겨내고
동경의 문을 통과하는
인고의 껍질을 벗은
반들거리는 네 내면의 속살 좀 보렴!

* 피정: 가톨릭에서 기도하고 회개하는 기간을 따로 갖는 것을
피정이라 함

치 료

너와 헤어져 돌아서는 길에
천둥 치고 장대비 쏟아졌다
사방이 캄캄한 절망의 동굴이
날 데리고 들어가 바위 문을 닫아버렸다
한 마리 왕거미가 내려온다
그래 거미야! 실 이불로 창창 감아 덮어다오
그리고 날마다 조금씩 내 삭신을
아삭아삭 갉아 뱃속에 수태해 다오
그러면 내가 그 속에서 다시 자라는 것이지
버리고 싶은 추억이라든지
혼이라든지 그런 쓸데없는 것들
네 뱃속에서 녹아 없어질 거야
햇볕에 영혼이 웃고 그 자장가 들리는 일 없고
따뜻한 정(情) 기억하며 눈물 흘리진 않겠지
결국, 나의 뇌를 네가 다시 조립하는 거야
아무것도 기억나지 않는 네 일부분으로,
지난 시간들이 나를 괴롭히지 못하도록 도와줘
네 거미줄 양분이 되고 싶어
모든 걸 잊고 새로운 탄생의 문을 통과해
아무도 가까이 다가올 수 없는 샛별 되어
성에 가득한 그 빛을 버리고 싶어

채 찍

사는 일이 고역이라
삶의 끝을 향하여 하루하루
다가가는 일을 희열로 삼았다
빨리 세월이 흐르길 바라며
숨이 멎는 날 고역이 끝이라는 절망감,
사고 당한 아이가 죽음의
침대에서 사경을 헤맬 때
현상으로 보여진 죽음이 두려워졌다
금방 도망가고 없어질 것 같은 공포가
하늘에 생명을 호소하며 울부짖었다
그분의 긍휼로 살아 돌아온 숨소리는
너무나 진귀한 보물이었다

산다는 일은, 고통 희망 고역 절망 기쁨
이 모두를 잘 가꾸는 일
삶의 가치를 잘 모르고
죽음의 터널 지나온 후에야
생명의 존귀함 알게 되었다
앞으로도 얼마나 또 다른 경험이 기다릴까
파아란 하늘 바라보며
인내의 불꽃 지피느라
매 맞는 일이 중요한 일임을 알았다

침묵의 사랑

흐르는 북한강에 찰랑이다
부서지는 금빛 물보라 그 찬란함이여
님의 지혜가 물결위에서 빛나고 있음은
그 눈동자 얼마나 영롱하시기에 한결한결
숨 빛 불어넣으신 듯 그리 곱게 비추시는지요

끝없이 펼쳐진 광활한 대지는 빛의 날개
초록물결 가슴에 끌어안고
생명의 젖줄 부풀리시느라 뒤척이는 햇살,
당신의 품은 또 얼마나 크고 따뜻하시기에
달리고 날아도 가는 길을 열어 주십니까

산과 나무, 바위와 강은
당신이 계절 따라 갈아입히시는
옷감은 베 짜는 이 없고 깁는 이 없는데
형형색색 수놓는 수려한 솜씨 또한 일품입니다

새는, 당신을 위해 종일 종야 지저귀고
동물들도 조용히 숲을 오가면서
골짜기 샘물 마시고 기쁨을 노래하기에
당신이 베푸신 생명의 존귀함을 사모합니다

사 념

하늘에 당신의 고민
고드름 되어 대롱대롱 위태롭다
지상 위 사람의 헛된 욕망들
비누 거품으로 부풀어
빌딩 위와 지붕 위로
기포의 기둥을 타고 올라가
어디쯤 어느 점에서 부딪쳐
하늘과 땅을 흔들고
자유의 분신으로 화락하다
스올에서 도태되어 안착하려나
끝없는 갈등의 파장을
어느 길로 인도해 소멸되게 하려나
비겁하게 소리 없이 스며들어
정신을 비트는 너
너를
감금할 곳이 있으면 좋겠다

비상구

일요일 밤만은 잠들고 싶지 않아요
서정의 달빛 해안을 쓸고 닦아야 하기에
자정이면 벌써 초조해져 일어나 창밖을 서성거려요
밤하늘을 유유히 산책하면
비상구 같은 둥그런 달의 입구가 보여요
철창 속에서 빠져 나가는 길은 공기창을 열고
달의 테두리에 쳐진 전선에 닿지 않고
원으로 점프하여 나아가면 영원으로
들어갈 수 있다는 전설 같은 이야길 믿어요

달은 돌고 있지만 피안으로 가는 비상구처럼 보여요
언젠가는 몸을 잘 단련하여 달빛이
내 눈동자에 멈추면 노련하게 점프하여 그 비상구를
빠져 나가는 스릴을 반드시 맛보고 말 거예요
내가 즐기는 고요와 그리움과 고뇌
내일을 꿈꾸는 창작의 세계, 짧은 시간의 쉼터에서
환상을 찾아 새로운 나를 탄생시켜 보는 거예요
비록 휴식이 끝나고 희미한 여명이 날 비웃으며
오늘 채비를 하라고 일으켜 세울 때까지요

메 스

바닷물이 썩어간다 썩어가
이구동성으로 외친다
부패되어 가는 바다,
왜 바다에 소금이 없는 것일까

나는 빛이요 소금이니 하시던
제자들이 게을러 소금을 부리지 않고
그리스도인 넘치는데
소금 뿌리는 자는 없고
십자가 많은데 빛의 생기 사라진다

복음을 전할 충성의 제자 없어
바다를 가를 자 없다
행위 없는 말뿐인 그리스도인은
이미 소금 아니요 빛이 아니다

무엇을 도려내야 할지
그분은 오늘도 고뇌하신다

숲으로 가고 싶다

비 오는 날은 숲으로 가고 싶다
그분이 눈물 흘리며 우는 걸 보는
나무의 심정은 어떤지
사랑하는 이 눈물에
젖고 젖어 무슨 생각을 하는지
어떤 위로의 말 전하는지
그분이 눈물 흘릴 때 같이
울고 흐느끼는지
우리 앞에선 팔랑이는
푸른 잎들도 우는지 알고 싶다
하늘의 사랑 받는 나무는
다시 또 파랗게 청정해져
우리들이 받는 죄, 같은 건
받지 않느냐고
비 오는 날은 숲으로 가서 물어보고 싶다

애 상

그대 눈이
어떻게 빛나는지 보고 싶습니다
님의 눈동자는 내밀한
진실과 감동만을 말하니까요
형언할 수 없는 동공의
갈망하는 빛을 보고 싶어요
저의 사모하는 눈동자를 보시면
먼 마음이라도 종을 치고 일어나
반갑게 그리운 이야기들
들어주시기에 제 마음 만져질 거예요
그대 눈동자 보기 전에는 그립다
말하지 않을 기예요
허공에서 내려주시는 빛은
무거운 앙금을 지우고
빛나는 영혼으로 다시 빛어지는지요
제 눈빛에 어리는 사랑은
푸른 대지를 점령한 황홀한
백마의 갈기 같습니다
신이시여! 사모합니다

제 4 부

가을엔 혼자 있고 싶다

가을엔
가을엔 나만의 색깔 옷
벗어 던져 버리고 초가지붕의
박 넝쿨 목에 두르고
넓게 열린 들판 정중리 길로
바람에 떠밀려 헤매이고 싶다

갈 망

간다
너에게로 깨어 있는 동안에는 언제나
메밀꽃 눈부신 언덕길 푸른 달밤 찬이슬 맞으며
희망 없는 옹색한 살림살이
무의식으로 삐걱거리는
달구지로 밤새 덜컹거리면서
너에게로 가고 있다

허기진 가슴에선 밤새 여치가 울고
방아깨비 새벽이슬에 눈을 뜨면
가난한 사랑이 기억 속에 촘촘히 박혀서 그리움
피가 마르고 허공에 떠 있는
애잔한 그림자 안개 속 별이 된다

시장통 어귀에서 아이가 엄마를 찾으며 울었던가
목욕탕 앞에서 임산부가 쓰러졌던가
눈보라 헤치며 얇은 지갑을 들고
절뚝거리면서 나이만 먹었다

의지와는 상관없이 뿌리가 송두리째 뽑힌 채
이국의 척박한 땅에 또 심어져

기름지고 열매 맺던 행복인 줄 몰랐던
그날의 추억들이 뿌리에서 피울음 소리를 내는
생명의 근원인 나의 코레아

흙의 진실

신 새벽에 모를 찌고
모 논에 옮기면 땀으로 범벅되고
장마 져 종일 비가 와도
우비 걸치고 땅거미 내릴 때까지
연못 같은 닷 마지기
논에 모를 심었다

거짓말 하지 않는 흙,
의지하며 살던 그때 생각하면
세상 어디를 가도 두렵지 않아
힘든 일에 부딪쳐도
종일, 쏟아지던 장대비 맞고
모 심던 그 일보다 수월하고
긴긴 하루 지치고 지루해도
종일 땡볕에 보리 베는 것보다 수월하다

가난을 벗 삼던 고향에서
춘궁기 이겨내고 살림 일으킨 가족애
인심 좋은 시골 어른들은 흙에서 잔뼈가 굵었기에
시리도록 골골 병들어도
신음소리 한번 내지 않고
웃으면서 잘도 살아 내신다
흙의 깊은 정 때문이다

봄의 영상

흐르는 계곡 바위틈
영산홍 흐드러져
산바람에 흔들리면

하늘도
잠 깨어 일어나
꽃잎 쓰다듬어 주네

능선 너머 검은 구름
늦잠 자는 봄 처녀들
깨운다고 몰려오네

님 오시기 전에
어서어서 일어나
분단장하라고

아지랑이
아물아물 재촉하며
꽃그늘에서 맴돌고 있네

아내의 행복

지친 몸 침소에 뉘이고 사르르 눈감으면
어느새 당신은 다정하게 다가와 속삭이지요
살며시 안아주며 당신 보고 싶어 빨리왔어
그 한마디에 눈이 내리고 안녕이 다가와요

궁의 시녀들이 일어나, 왕이 납시었다
왕비의 침소에 촛불을 밝혀라
가슴은 두근두근, 눈을 뜰 수가 없어요
장미향 뿌리면서 님 오시었군요

그윽한 여명이 창문에 서리면
그이의 품에서 왕비로 깨어나지요
위층에서 조르르 달려 내려와
커피 향기로 집안을 가득 채워요

가족은 소중해요 사랑의 선물이기에
아이들은 기지개를 켜고 하루의 시작을 알려요
가정을 기쁨과 희망으로
빼곡히 채우는 아내야말로 빨간 석류예요

꽃방에서

저 동산의 싱그러운 신록
햇살 받아 탄력 있게
빛나는 정원, 향기로운 꽃송이에
방 하나 만들고 싶어라

꽃술 열고 들어가 커튼을 치고
꽃잎 흔들리는 창가에서
미소 짓는 달님과 속삭이면
은하수 다리 건너
이슬 정령들 내려오시려나

풀벌레 연주에 밤 깊어지면
가슴 깊이 스며드는
아름다운 별빛 모아
내 잠든 감성 모두 깨워 일으키리라

여름에만
즐길 수 있는
타오르는 밤의 열기여!

해바라기 선물

파랗게 높기만 한 가을 하늘
꽃밭에는 해바라기 만발한데
왠지 미세한 일렁거림에
폭발할 것 같은 광기가 느껴진다

세탁기 힘차게 도는 소리에 섞인
이층, 마이클 부부의
당장 세상 끝낼 듯한 거친 말소리
어젯밤 우리 부부가 숨죽인 모습이다

똑똑……
이층으로 올리기 문을 열자
두 사람은 눈물을 그렁그렁 매단 채
얼굴빛들 파랗게 질린
가을 하늘색이다

그의 아내의 손을 잡고 내려와
노란 해바라기 한 아름 베어서
품에 안겨 올려 보내고 나도 한 아름
그래, 부부로 산다는 건 바로 이런 짓이야

사랑의 불꽃

사랑 깃들어 너무 사랑하고 싶을 땐
사무치는 연정 한껏 펴고 날아가서
그대 보이는 나무 위에 앉아
그리워 뒤척이다 잠든 이 바라보겠습니다

함께할 수 없는 슬픔
어두운 방에서 견디기보다
영혼이라도 날아가서
찬 서리 매운 밤일지라도
그대 볼 수 있는 가지에 앉아
온밤을 새우겠습니다

님이여 님이여
그대가 깨어나실까 봐
기척하진 않겠습니다

동이 트면 설레임 잠재우고
돌아와 주어진 삶의 틀에서
아무 일 없었던 것처럼 웃겠습니다

그러다 또 사랑에 불이 붙으면
그렇게 바라보다 불을 끄고
제 열정 고이고이 삭이겠습니다

패랭이꽃

아득한 먼 나라에서 온
요정의 미소 닮은
정겨운 작은 꽃

펼치지 못하고 접은 꿈
눈물로 머금고
초롱초롱한 맑은 눈동자
오소소 떨며 간직하느라

패랭패랭 휘파람 불고 있니
잡초 속에 가려질까
몸부림치다 보면
너 작은 아름다움 빛날지 몰라

무심한 걸음에 밟힐지라도
환한 미소 잃지 말고
다듬어 가거라 너는 작은 꽃
기다리고 기다리거라
님은 반드시 널 찾아오실 것이니

참 회

한때 붉은 정열을 자랑했던 장미는
마른 잎으로도 스스로 평정을 이루는데
사람으로 나이테 넓혀 가면서도
이해와 도량의 폭을 넓히지 못하는 옹졸함

지혜와 사고의 영장이라 위로하며
움켜쥔 욕망을 가시로 두르고
허망의 성안에 갇혀 두려운 눈동자로
왜 이리 괴로운 아집을 지키려고만 하는가

이것은 아니다
목표가 이것은 아니었다 진실로
사고(思考)의 틀을 깨고 더 낮은 냇물에 발을 적시자

이기심을 흐르는 물에 띄워 보내고
넓고 푸른 들판을 맨발로 달려 보자
가슴을 펴고 두 손 가득 하늘을 안고
바람을 초대해 그의 노랫소리 들으며
주머니 없는 날 것들에게 행복을 배워보자
자연은 내일 것을 쌓아 두지 않는다네

탐욕의 죄,
등에 지고 피맺히게 달려와 부끄럽다

가을엔 혼자 있고 싶다

가을엔
가을엔 혼자 있고 싶다
겹겹이 세워둔 제도의 담을 허물고
훨훨 날아오르는 고추잠자리이고 싶다

가을엔
가을엔 나만의 색깔 옷
벗어 던져 버리고 초가지붕의
박 넝쿨 목에 두르고
넓게 열린 들판 정중리 길로
바람에 떠밀려 헤매이고 싶다

가을엔
가을엔 가면을 쓰고
음산한 동굴의 박쥐이고 싶다
검은 세상 활보하며 다정한 얼굴들 비켜서서
정신 나간 다른 모습으로 서 있고 싶다

가을엔
가을엔 그리움에 멍든 가슴
푸른 하늘에 깃발 같이 세우고

텅 빈 들녘 오가는 그네가 되어
외로움 지워가는 백치 여인이고 싶다

가을엔
가을엔 하루 종일
쓸데없는 생각에 부대끼다가
이렇게 간절한 시를 쓰며
허공으로 나를 던져 버리고도 싶다

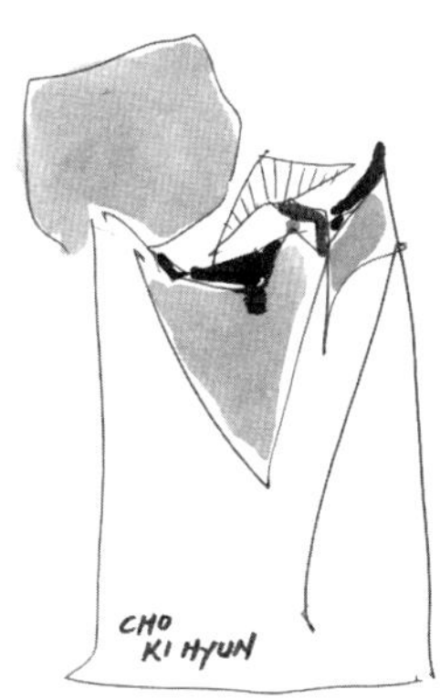

나의 행복

내가 바라는 것은 최신 유행 옷 입고
베네통 핸드백 들고
거리를 활보하는 게 아닙니다
닳은 운동화 깨끗이 빨아
양지쪽에 널어놓고 야시장 기웃거리다가
풀죽은 야채 흥정해 오는 아낙이면 족합니다
성공한 부잣집에서 부동산으로 재산 늘려
넓고 넓은 아파트 집들이, 상다리 부러지게
하는 그런 일 부러운 게 아닙니다
달마다 집세 융자 잘 내고
식탁 앞에 건강한 정신과 육체로
된장찌개 구수히 끓여 먹는
저녁상 차리면 족하겠습니다

달빛 드는 거실에 누워 아이들과 도란도란
엄마 뭐 갖고 싶어요
이번 방학에 아르바이트 할게
너 갖고 싶은 것 사거라
엄마가 못 사 줘 미안해
아냐 엄마 좋아하는 시집 살 거야

이런 소리 들리면 만족합니다
우리 아이들은 항아리* 장사라니까요

* 항아리 장사 계산법 : 돈도 벌기 전에 계산하다가 항아리 깨뜨려 먹는 우화

달려가지 말아요

여인이여
사랑한다고 젖은 눈빛으로
속삭이며 혼을 저당 잡히기 전에
한 번 더 사랑을 숙고해 봐요

보고 싶다고 강 언덕을
빗살처럼 달려가 영혼의
열쇠를 건네기 전에 한 번 더
여자의 일생 생각해 봐요

가을 지나면 앙상한 가지만 남듯
취해 버린 열기 식으면
상처 품고 울어야 하는 건
오롯이 여자의 몫이예요

연민에 끌려 다니면서
사랑이라 착각하게 되면
나이테마다
여우 울음소리가 박힌 벌집 같을 거예요

여인이여
산란한 바람이 가슴에 파고들고

노을빛이 부추긴다 해도
가을 숲길로 말을 타고 가지 말아요

이 세상의 사랑은 흠집을
내기 위한 술수가 생각보다 많아요
사랑을 만나거든 천천히 걸으며 생각해 봐요

친 구

살며시 열린 문틈으로
바람처럼 소리 없이 들어와
졸고 있는 내 곁에 누워도
낯설지 않는 든든한 친구야

손잡으면 항상 온화하게
정감 어린 어깨 내어주고
온갖 시름 토닥여 주다가
부드러운 음악처럼 스며드는 너

어느 땐 내 마음속으로
당연한 듯 서슴없이 들어와
산소 같은 이슬방울로
온몸을 적셔주는 너였지

소중한 너 함께 있어
풍요롭고 짙은 향기
깊은 산골짜기 너머너머
쌍무지개 언덕까지 함께 오르리라

당신께

당신과 함께 조용히
하루를 보내고 싶었습니다
풀지 못한 이야기들 한 올 한 올 풀어서
다정한 실타래 만들고 싶었습니다
그러나 시간은 우릴 자꾸만 비켜 갔습니다
당신 눈빛은 분주한 스케줄 때문에
이미 쏘아올린 화살을 찾듯
바삐 움직이고 있었습니다
서로 마음을 하나로 묶는 일,
그렇게 어려운 일은 아닙니다
두 잔의 커피를 마주 놓고 앉아
하고 싶은 말 쏟을 수 있도록 당신
마음의 문을 조금만 열어주면 되는데
우리는 그런 시간 만들지 못했습니다
속절없이 한 시즌이 지나가 버렸군요
이제는 눈조차 마주볼 수 없는
마음이 따로따로 서 있습니다
마음을 하나로 묶는 것은
나뭇잎이 한 가지에 매달린 것처럼
자연스럽게 함께 펄럭이는 일입니다
그대여, 올 가을에는
마음의 빗장 조금만 더 열고
가을 햇빛 받으면서 우리 함께 물들어 봐요

Chang Hee-Bin's Letter

Your Highness!
At the sleeping hour in exhaustion
If you slept at the palace like a temple
And met the morning with the fresh winds of Dobong mountain,
What a nice day it would be?
The healthy breath of the beautiful wife made me
Known the depth of happiness in life, reflecting on the past life,
It is so brimful as lacking to be thankful
That I feel new deep emotion.
If the night wind often is as fresh as cold,
Perhaps
If it talks to me in whisper......
'The autumn cranes its neck, doesn't it?'
The beauty of making a living is too full for my heart
That the crying of mind is likely to be overflowing.
Now if the autumn comes,
The name that has loved is variegated colorfully,
And when it is put between leaves of book,
It becomes a piece of poem, music, and history,
I will kiss the tearfully yearning name.
To enjoy the happiness named a love

Becomes splendid as a piece of cinema,
And Is like life-giving water to vitalize
As a few drops of oil to the dry life.
To speak
That I love you,
Pushing a tongue, the voice slips out of it,
I love you.
Floating in the sky
Like the soap's drops of marvelous rainbow's colors
Blowing up them one by one,
Whenever
'I love you', you take off the pages of distresses
I wonder it's a real thing, not a dream......
To Highness who made me a wonderful present
Writing a letter of thanks for every moment with you,
Nay, wrapping it up as a great present
I would like to make it touch before the Royal presence.
I am deeply moved,
Your Highness!
For your calling
Every part of my flesh quivers as heart breaking with excitement.
How I would receive your love,

I wonder how this holy truth would call my name before me,
Or bring my death,
I would really want to confirm again
Whether the actual thing has happened in my life time,
And this day taking my arms to you,
Are really true or not.
Highness!
My Highness!
Only I am deeply moved.
Greet your new fresh morrow.

장희빈의 편지

전하!
곤한 잠을 주무실 시각
도봉산의 바람이 시원한, 사원 같은 궁에서
주무시고 아침을 맞이 한다면
얼마나 좋을 거예요
예쁜 아내의 건강한 숨소리가 인생의 행복의
깊이를 알려주어 지나온 삶을 돌이켜 보아도
모자란 듯 차고 넘침이 감사해서
감회가 새로울 듯도 하고.
가끔은 밤바람이 차거운 듯 시원하면
아마
거기 가을이 기웃거리지 않니?
하고 속삭여 말 시켜 주면……
산다는 것의 아름다움이 가슴에 저며서
속울음도 녹녹하게 뿌듯할 것 같아요
이제 가을이 오면
여름내 사랑했던 이름이 채색되어 곱게 물들어
책갈피 사이사이로 끼워져
한 편의 시가 되고 음악이 되고 역사가 되어,
눈물나게 그리운 이름에 입맞출 거예요
살아서 사랑이란 이름을 가져 보는 행복이
한 편의 영화처럼 화려해져서

팍팍한 삶에도 몇 방울의 기름처럼
활력을 주는 생명수 같은 것.
사랑해요
라고 말해 보는 것
혀를 밀고 올라오는 그 소리
사랑해요
신기한 무지갯빛 비눗방울처럼
하늘에 동동 떠서는
지난 아픔의 시간들을 하나씩 하나씩
터뜨려 지워가는 거여요
사랑해요
할 때마다 고난의 페이지를
떼어 내 버리는 거죠
그것이 꿈이 아닌 제 현실이라니……
너무나 멋진 삶을 선물하신 전하께
모든 순간 순간을 감사의 편지로,
아니 멋진 선물로 예쁘게 포장해서
전하의 아전에 닿게 하고 싶어요
감격합니다
전하
그 간절한 부름에
온 살들이 터질듯이 팽창해져 떠는 거여요

이 사랑을 어이할 줄 몰라서,
이 거룩한 진실이 왜 내 앞에서 이름을 부르는지
죽음은 아닐른지
생시에 이런 일이 일어나 제 팔을 잡고 이끄는
날과 날들이 진정 내 것인지
자꾸 확인하고 싶어져요
전하!
나의 전하!
감격만 합니다
명랑한 새아침 맞으소서

〈2010년 세계시문학 수록〉

속울음

긴 한숨 안개 사이
이상한 재채기 갑자기 솟구치면
눈물샘에 두레박질 소리 들린다

한 바가지 두 바가지
눈물 고여 넘쳐 나면
설움은 산화되어 돌멩이가 된다

부모 앞이라고 꼴깍거리며 넘긴 말들
그이와 자식 앞이라고 꼴깍 넘긴 말들
가슴속 돌멩이로 굴러다닌다

눈물샘 시냇물로 흘러가도록
쌓인 자갈들 몇 날이나 치우면
그런 재채기 나오지 않으려나

가족들 괴로움에 까맣게 타는 조바심 누르고
속울음 빗장 지르려고 애를 써 봐도
여자 가슴속에선 풍덩 소리 그치지 않는다

초인종

당신은 너무 멀리 있고 나는 여기 있지요
당신도 별, 나도 별 서로에게 별이 된 우리
당신의 소박한 집 뒤란엔
노송에 익은 한가한 소 울음소리
푸른 잎 사이에는 새들이 휘파람 부는 곳,
모서리에 걸린 바구니엔
고구마 토란 감자랑 밤 대추 도란거리고
석류랑 감이 대롱대롱 수줍게 매달려 있어요
암탉이 알을 낳고 염소가 음~매 울면
당신은 문지방을 넘어가요

나의 별에선 냇물소리 들리지 않고
태양만 이글거리지, 외로운 얼굴들끼리
등을 기대고 빵을 먹여주는 마른 손이 보이지요
별아! 별아! 마주 보고 손잡을 수 없는 너
나는 지붕 위에 있고 너는 방 안에 있는 거니
다른 별빛으로 팽팽히 지구를 받들고 있는 거니
서로 너무 빛을 내느라 맥박이 느려져요
만약에 네가 나의 별을 방문한다면
우주선을 타고 창공으로 내리겠지
오늘, 하늘에 초인종을 달아야겠어요

노다지

할 말을 목구멍으로 꾹꾹 삼킨 채
울지 않는 법을 배웠어
입술은 점점 메말라
가뭄 든 대지처럼 쩌억쩌억 갈라졌지
안락한 둥지에 살던 기억들
모두 지워버리기까지
칼바람 속에서 매일매일 떨었어

홀로 서 있기 두렵지 않게 되자
낯선 누가 내 안의 그릇에
뜻 모를 비련의 조각을 또 채우는 거야
다시 입 안에 때가 슬고
시간은 길을 열고 재촉하나
어디로 가느냐고
물을 필요가 없어졌어

허망에 대한 집착을 버렸고
하루의 안녕이 전부인
숨 쉴 수 있는 공기만 있으면
그 외의 모든 건 아주 쉽고
값싼 부질없는 것들이라는
금덩일 캐내고 말았어

이상한 쟁기

마음 밭을 갈고 있다
봄부터 가는 밭은 여름 내내 갈아야 한다
해마다 갈아엎는 밭이지만
올해는 주인의 다른 계획이 있으신지
다른 해보다 더 깊이 갈으라고 호령하신다
깊게 내린 뿌리 도끼로 찍고
진땀 흘리고 골라내도 쟁기에 긁히는 자갈
맘먹고 모조리 주워 내느라 계절은
유월로 머리 풀고 달려간다
쟁기에 삽을 갈아 끼우면서
그래 갈아엎어 주세요
깊게깊게 갈아엎어 주세요
엉겨 붙어 시시때때 괴롭히는
생채기들 다 찍어내 버려주세요
소리도 지르지 못하는 썩은 것들
도움을 청하지도 못하고
홀로 크는 당산나무 뿌리의 분노를
깊이 갈아엎어 주세요
쟁기에 아무것도 걸리지 않고
옥토 밭이 되면 웃음꽃 만발한
흐드러진 꽃밭 만들겠습니다

이상 기류

봄이 색다른 느낌이듯
그렇듯이 이 봄,
내 가슴에도 새순이 돋고 있다

혹독한 겨울을 지나오면서
꾸준히 지켜온 나의 주체가
몇십 년 만에 피는 대나무 꽃처럼
무엇인가
새로운 꽃대를 밀어 올리고 있다

불평이나 감상
우울로 내재된
일상의 찌꺼기 같은 습관적 배설이 아니라
다른 살이 돋아나는 좋은 이 느낌,

긍정과 기쁨과 환희
온화와 여유
내 인생에도 봄이 왔다

이율배반

문득 나이가 무서워진다
격의가 없어지고 울타리가 허물어져 간다
정확히 꼬집지 못하는 아줌마의 힘
엄격한 규율과 생활의 경험이 남긴
생채기로 얼룩진 궤적을 적당히 얼버무리며
연륜을 구축하는 배반의 틀을 세운다
나이란 숫자만 올리는 것이 아니기에
내면을 뒤적이며 타성을 버리고
새로운 줄기를 늘려가야만 한다
정의와 불의 사이에서
감정의 중립을 구현해 나아가는 일 또한 멈추면 안된다
타인과 타협하지 않으려는 고립을 공전해 보아야 한다
본인도 모르는 사이 타성의 줄기에
독특한 다른 객체가 만들어지기에
내 안의 나이가 무서운 것이다
자아를 비집고 또 다른 독립을 키운다고
배선의 탑을 높이고 있는 중년의 너스레를
단속해야만 한다
시드는 장미꽃일지라도 뒤적이며 살펴보아야 한다

■ 해설

세속적 고뇌를 고귀함으로 승화

- 먼 하늘을 보지 않고 파란 하늘을 보는 시인

윤 해 규

〈시인 · 을지출판공사 대표〉

시(詩)는 오직 사람만이 쓸 수 있다. 왜냐하면 사람은 생각하는 동물이기 때문이다. 그러므로 시를 쓸 수 있는 능력을 기른 것은 사람이 사람답게 만들어져 가는 과정의 하나다. 다시 말하면 사람마다 정도의 차이는 있겠지만 누구나 시를 쓸 수 있는 능력을 가졌기 때문에 나른 동물과는 완전히 다르다.

그렇기 때문에 우리 선조들은 글자를 익히고 나면 글을 읽고 지었다. 글이란, 어떤 생각이나 일 따위의 내용을 글자로 나타내 놓은 것을 말한다. 그 글 중에서 정수는 시(詩)임을 누구도 부인하지 않는다. 때문에 우리 조상들은 글을 배운 사람이면 남녀를 불문하고 마땅히 모두 시를 썼다. 벼슬의 자리에 있든 초야에 묻혀 살든 간에 선비라고 하면 시를 쓴다는 것은 기본적인 과정이었다.

자연과 사람살이의 아름다움을 예찬하거나 사회 현실을 비판하거나 우리들의 삶을 성찰하면서 시를 써서 서로 돌려보고 감상하면서 생활에 윤기를 더하고 스스로의 영혼을 더욱 맑고 건강하게 다스렸다. 그러므로 시는 선비들에게 전인격체의 표현이자 지식수준의 척도였다.

그러나 우리 사회가 서구화 분업화 시대로 치달으면서 한 때, 시는 어느덧 전문적인 시인들이나 쓰고 즐기는 정도가 되고 말았다. 애써 시를 찾아 읽으려고 하는 사람도 줄어드는 추세였고 선비정신이 사라지면서 시 쓰기도 사라져 가고 있었다. 다행히도 1990년대 이후 우리 사회의 다양한 직업에 종사하는 사람들과 40대를 넘긴 주부들 가운데서 개인지도를 받거나 대학 부설 평생교육원 문예창작반에서 지도를 받아 시인으로 등단하여 각 문학모임이나 문학단체에 참여하여 동인지나 기관지에 작품을 발표하는가 하면 여러 권의 시집을 내는 경우가 많아져 가고 있다. 이 같은 현상에 대하여 나로서는 매우 바람직한 일로 생각된다.

다양하면서도 특수한 체험을 지닌 사람들이 그 체험의 정서를 시로 형상화시키는 일은 우리의 문학, 그 중에서도 시문학을 그만큼 다채롭게 만드는 계기의 하나가 될 수 있기 때문이다. 아울러 이러한 여러 가지 직업을 가진 사람들이나 특히, 섬세한 정서적 능력을 가진 여류들이 시 창작에 몰두하는 것은 시가 바로 우리 보통사람들의 생활 속에 자리 매김 하고 그 속에서 올바른 마음을 간직하는 계기를 마련한다는 점에서 우리의 삶을 한층 밝고 명랑하게 해 줄 것임에 틀림이 없을 것이다.

여기 첫 시집을 펴낸 채은선 시인은 전남 담양군에서 출생 성장하였고 지금은 미국 콜로라도주에 거주하고 있는데 그곳 미주개혁신학대학 문예창작학과에 재학 중에 있지만 이미 월간 〈문예사조〉지를 통하여 시인으로 등단했고 우수상도 받았으며 한국문인협회, 세계시문학연구회 회원으로 참여하여 국내외에서 활발하게 문단 활동을 하고 있는 그가 평소 연마한 문학역량으로 써 두었던 시 83편으로 한 권의 시집으로 묶는다고 하여 2011년판 〈한국 시 대사전〉 편찬 때 김경희 시인과의 인연으로 채은선 시인의 시 경향을 쓴 것이 계기가 되어 다시 이 시집에 발문을 올리게 되어 그 흐뭇함을 숨길 수 없다.

채은선 시인의 첫 시집 〈붉은 민들레〉의 원고를 읽으면서 조선 시대의 여류시인 허난설헌(1563~1589)을 새삼스럽게 떠올리게 되는 것은 그가 여성으로서 시를 썼다는 사실보다는 한 사람의 보편적인 가정의 아내로 또 감수성이 풍부한 보통사람으로서 아름다운 새로운 언어를 빚어놓았기 때문이다. 인간 보편의 체험이나 정서, 이를테면 사랑이나 그리움, 외로움, 괴로움과 역경 등의 언어 형상화가 순수함과 균형을 보여주고 있다는 점이다. 결국은 둘 다 간절한 뜻을 가졌고 사랑과 희망의 전달자라는 사실이다.

나무 그림자가 있다
해의 방향으로 가다가
노을 질 때 그림자 늘어져 떼를 쓰며
나무 붙잡고 조금만 더 있자고, 애원했다

해는 제 갈 곳으로 갔고
그림자는 부서져 형체가 없다
하루 만에 사라지는 것이 있고
한 달 만에, 백 년 만에 사라지는 것도 있다

천년을 흐른 후에 보면 하루에 사라진
해나 나무 그림자나 무엇이 다른가
사라지기 위해 존재해야 하는 듯
그저 말없이 잠시 서 있다가
신기루같이 눈 속이며 모두 사라지는 것이다

순간의 존재에 가슴을 재로 태우는 사람아!
그리운 날에는 염원을 위하여 차라리
사랑의 그림자에 수를 놓아라

목숨은 빛처럼 왔다가 간다
인생이 모진 것 같아 보이나
별일 아니다
참으로 별것 아니다

-〈찰나를 위하여〉 전문

이 시는 우리에게 어떤 인생론을 들려주고 있다. 그것은 자연현상의 순리에 대한 겸허한 순종을 권하는 내용이다.

"해는 제 갈 곳으로 갔고/ 그림자는 부서져 형체가 없다"는 구절에서는 시인의 그런 인생론이 보다 선명하게 드러나 있다. 그것이 이 시의 핵심임은 두말할 나위가 없는 일이다. 다시 말하면 '인생의 허무함과 유한함'이라는 뜻이 될 수 있는 이러한 내용은 인생에 대한 철학적 성찰을 배후에 거느리고 있다. "목숨은 빛처럼 왔다가 간다/ 인생이 모진 것 같아 보이나/ 별일 아니다/ 참으로 별것 아니다"라는 마지막 구절에서는 교훈성을 통해 인간의 정신적 순화와 각성에 기여하고 있다.

또한 시인은 무엇이든 표현할 수 있고 또 마땅히 표현해야 할 의무를 지고 있다. 시인이 표현해야 할 대중 중에는 '소리'도 있다. 이 세상에는 많은 소리로 차 있다. 예를 들면 인위적인 자동차 달리는 소리, 공장에서 돌아가는 기계 소리와 자연에서 들리는 바람 소리, 비 오는 소리, 물소리 등이 우리들의 귀를 울리고 있으나 만약 그 소리들이 사라져 버린다면 그때의 세상은 모든 것이 범춰버림으로써 살아갈 수 없을 것이다. 이 세상의 살아 있음을 나타내는 그 소리를 시인이 어찌 관심을 갖지 않을 수 있겠는가. 그렇다면 소리는 외적인 소리만이 소리일까. 실제로 시인들은 많은 소리를 만들어 내고 있는데 여기에 채은선이 만들어 낸 것 중의 하나를 보자.

어디선가 은은한 음악이 들린다
태초에 하늘이 열리는 것처럼
고요히 열리는 순결의 시작
아름다움을 휘감는 저 부정(不正),

조심하라, 그러나
인애의 은총 의연하여
비밀의 문 눈부시게 열리는구나

내 그대에게 보내는 언약의 편지,
빛나는 눈동자로 읽고
네 심장에 새기라

-〈쌍화연 피어날 때〉 전문

고대 신화에는 비슈누신의 배꼽에서 생겨난 연꽃속에 하늘의 신이 있어서, 만물을 창조하고 그 꽃잎이 진흙속에서 물들지 않는 것을 취했기 때문에 사람의 본성을 나타내는 꽃이라고 한다.

채은선 시인은 사물의 선명한 형상화(形象化)를 통하여 자기의 의식을 불어 넣었으며, 은유와 상징에 뛰어난 솜씨를 보이고 있다. 간결하면서도 함축적인 표현에 능숙하다.

이 시는 여성인 자신과 상대방을 연꽃에 비유하여 '연꽃 = 창조'의 이미지에서 이해되어야 한다. 그것도 인연의 시작에서 사랑의 결실로 이어진 점을 들어 새로운 삶의 인연으로 의인화했기에 알맞은 소재이다.

제1연은 축복의 음악이 울리는 행복감이 충만한 순간이다. 외형적으로는 순결한 연꽃이 활유법에 의하여 표현되었고 한 줄기에 두 개의 연꽃으로 바꿔 놓으면 새 인연으로까지 연결되는 시이다. 제2연은 물위에 떠서 행복요람으로 빛나는 의연한 연꽃의 모습이다. 제3연은 그대로 노출된 표현이다. 이 시는 연꽃, 그것도 쌍화연을 통하여 시의 이미지를 형성시켰고 간결미로써 시적기능을 발휘한 작품이다.

이렇게 어떤 사물을 통하여 시의 기능을 발휘한 것은 크든 작든 시 창작상에 가장 많이 쓰이고 있는 중요한 수법이다.

가냘픈 여린 몸매로 어떻게
세찬 눈보라에 인고의 발자욱 새기며
묵묵히 걸어오셨는지요! 어머니
……… 중략 ………

……… 중략 ………
오로지 자식들 지키려는 일념으로
눈물의 밥상 차리시면서
서러움과 두려움 쫓으셨지요

……… 중략 ………
공포와 불안감에 인격은 짓밟히고
살육 당해 피가 낭자했지만
당신은 의연히 고운 자태로
일곱 아가들의 천사역 감당해 내셨지요

……… 중략 ………
험한 가시밭길에서 맞선,
악마를 용서하고 긍휼히 여기신

사랑의 가슴을 알고 말았습니다

……… 중략 ………
머리 위 승리의 월계관에
일곱 송이 꽃을 더 매달아 드립니다

……… 중략 ………

-〈어머니〉 부분

어쩔 수 없는 인적, 지역적으로 혹독한 고통속에서 일곱 자식을 훌륭하게 길러낸 어머니에 대한 시이다. 고통과 질시에 절은 어머니의 재산은 어린것들 뿐이다. 어린것들에게 어머니가 가져온 것은 오직 두려움을 쫓으셨고 의연한 의지 뿐이었다.

어린것들은 어머니에겐 그지없이 소중한 것들이고 어머니의 모성과 사랑으로 자란다. 어머니가 이렇다면 이 가족은 아무리 가난했어도 불행하지 않았을 것 같다. 오히려 아름답고 사람 사는 진한 냄새가 우러나는 삶인 것 같다.

그리고 어머니의 자식 사랑이야 더 말로 보탤 것이 없을 듯하다. 훌륭하게 자란 일곱 남매가 어머니께 고마움을 전하는 것으로 시는 마무리한다.

시는 무엇이든지 표현할 수 있고 또 마땅히 표현해야 할 사람이다. 시인이 표현해야 할 그 대상 중에는 「소리」도 포

함된다. 이 세상에는 많은 소리가 있다. 예를 들면, 공장에서 돌아가는 기계 소리, 사람들의 발자국 소리, 떠드는 소리, 지하철에서 손전화로 통화하는 소리 등이 끊임없이 들린다. 만약 이 소리가 갑자기 사라진다면 이 세상은 멸망하고 말 것이다. 이와 같이 소리는 이 세상이 있게 하는 필수조건이다. 이 필수적인 것을 시인이 관심을 갖지 않을 수 있겠는가.

실제로 시인들은 많은 소리를 인생사와 접목시키고 있다. 그리고 한국시에 있어 밤바다의 '파도 소리'가 비교적 널리 써지고 있는 것 중 하나이다.

거대 에너지로 꿈틀대는 밤바다
서러운 이들 눈물 고여 검게 빛나는가
밤새도록 슬프게 철썩 처얼썩
서로 가슴 부딪치며 굉음으로 운다

뉘 사연을 엮느라 그렇게 서러운가
목숨 건 사랑을 잃어버린 이의 통곡일까
어미 품 떠나갈 아가 울음소릴까
기댈 곳 없는 병든 노인 신음 소리인가

바다야바다야 너 섧은 바다야
밤새 울고도 아침이면
빛나는 태양 보석처럼 품어주고
하찮은 멸치 떼를 지켜주는

네 품은 하늘로 이어졌구나

검은 몸 뒤척여 진주를 키우고
수만 가지 울음소리 잠재워주고
고기들 수많은 사연 뱃고동에 싣느라
소리치는 괴로움 이제야 알겠구나
-〈밤바다〉 전문

채은선의 시는 기독교적 세계관과 언어에 의한 관념의 승화로 압축시킬 수 있다. 시골의 농촌에서 태어나 전통적 한국의 전래교육을 받으며 자라난 탓으로 어려서부터 한국의 시골생활 환경에 익숙해 있던 그는 자연스럽게 자신의 시에 소멸성과 영원성의 교차를 통한 이원적(二元的) 세계를 구축할 수 있었다.

그의 시는 주로 생각이나 견해 즉 관념적 내용을 다루고 있음에도 불구하고 적절한 이미지를 통해 그 관념을 수용, 형상화하였기에 추상적 세계에 머물지 않고 구체화됨으로써 보다 큰 시적 미감(美感)을 획득하고 있다. 한편 그의 시가 수용하는 자연은 흔히 동화와 순응이라는 의미로 동양적 자연이 아니라, 주관적 해석을 통해 변형시킨 자연으로 자신의 지향의식을 밝히는데 사용하고 있다.

채은선의 시가 갖는 특징은 무엇보다도 관념적인 시적 대상까지도 뚜렷한 이미지로 포착하여 명징하게 드러내는 뛰어난 형상력이다. 이는 사물에 감추어져 있는 인간적 관념을 날카롭게 추출해 내는 감성적 능력과 상통하는 것으로, 그의 뛰어난 직관적 투시력의 소산이라 할 수 있다. 그런 면에서 그를 모더니스트적 면모를 가지고 있는 시인이라 평가할 수 있다. 전통적 로멘티시즘과 센티멘탈리즘이 짙게 풍기는 자연에 대한 예찬과 동경의 세계를 노래했고, 다음은 외면적인 자연의 세계에서 인간의 내면적 세계로 관심을 쏟으면서 기독교 정신을 기조로 하는 경향으로 변모하였고 그 다음은 고독을 주제로 한 일련의 시작(詩作)을 하면서 기독교 시정신을 육화(肉化)시킴으로써 그는 확고한 시인의 자리를 굳혀가고 있다.

채은선 시인은 세월이 지나갈수록 더욱 견고해지는 자신의 고독을 구축하고 그 속에서 계속 머무르며 고독이라는 추상적 관념을 일관되게 시의 주제로 파헤치고 있다. 그러나 그가 추구하는 '고독'은 결코 절망적인 것이 아니다. 유신론적 실존주의 철학자 '키엘케고르'처럼 신에게 구원을 요청하는 고독으로 노경(老境)의 삶을 더욱 깊게 하여 진실된 자아를 만나려고 하는 즐겁고 유익한 고독이며, 고독을 위한 고독일 뿐이다. 그렇다고 해서 그가 끈질기게 집착한 고독의 문제가 결코 평가절하되는 것은 아니다. 도리어 그를 원숙한 삶으로 이끌어 주는 청량제가 되는 것이다.

저자와의
협약으로
인지생략

채은선 시집
붉은 민들레

초판 발행 2011년 6월 1일

지은이 | 채 은 선
펴낸이 | 윤 해 규
편 집 | 김 경 희
펴낸곳 | **을지출판공사**

등록번호 | 제 2-741호
등록일자 | 1985년 2월 14일
주 소 | 서울시 마포구 서교동 394-81 홍익B/D 3층
우편번호 | 121-840
전 화 | 02) 334-4050 · 4090
팩시밀리 | 02) 334-4010
E-mail : ejp4050@hanmail.net

값 10,000원

* 잘못된 책은 바꿔 드립니다.

ISBN 978-89-7566-119-8 03810